BEI GRIN MACHT SICH IHR WISSEN BEZAHLT

- Wir veröffentlichen Ihre Hausarbeit, Bachelor- und Masterarbeit

- Ihr eigenes eBook und Buch - weltweit in allen wichtigen Shops

- Verdienen Sie an jedem Verkauf

Jetzt bei www.GRIN.com hochladen und kostenlos publizieren

Bibliografische Information der Deutschen Nationalbibliothek:

Die Deutsche Bibliothek verzeichnet diese Publikation in der Deutschen National-
bibliografie; detaillierte bibliografische Daten sind im Internet über http://dnb.d-
nb.de/ abrufbar.

Impressum:

Copyright © 2016 GRIN Verlag, Open Publishing GmbH
Druck und Bindung: Books on Demand GmbH, Norderstedt Germany
ISBN: 9783668445079

Dieses Buch bei GRIN:

http://www.grin.com/de/e-book/364761/staatsgeheimnisse-russische-spionage-in-
den-usa-waehrend-des-kalten-krieges

Anonym

Staatsgeheimnisse. Russische Spionage in den USA während des Kalten Krieges

GRIN Verlag

Humboldt-Universität zu Berlin
Kultur-, Sozial- und Bildungswissenschaftliche Fakultät
Institut für Kulturwissenschaft

Staatsgeheimnisse

Russische Spionage in den USA während des Kalten Krieges

Seminararbeit im Rahmen des Seminars

„Figuren des Geheimnisses von der Antike bis zur Gegenwart"

Inhalt

S. 3   1. Einleitung

S. 4   2. (Staats-) Geheimnisse

S. 6   3. Der Sowjetische Geheimdienst

S. 7   4. Warum Agent werden?

S. 8   5. Fallstudie: Robert Hanssen und Aldrich Ames

S. 10   6. Geheimnisse in demokratischen und autoritären Regimen

S. 12   7. Fazit

S. 13   Literaturverzeichnis

Sofern sich die Bezeichnung nicht auf eine bestimmte Person bezieht, wird aus Gründen der besseren Lesbarkeit die männliche Form verwendet, die aber alle Geschlechter einschließt.

1. Einleitung

Sowjetische Spionage ist immer noch ein Mysterium und eine Faszination für viele in der Forschung, aber auch im Alltäglichen. Viele Filme wurden bereits darüber gedreht und haben versucht die Sache mit Spannung anzuleiten. Doch welche Methoden nutzte eigentlich sowjetische Spionage? Was bedeutete es von Russland ausspioniert zu werden? Die Antwort darauf ist mannigfaltig und soll Ziel dieser Arbeit werden. Dabei soll der Zeitrahmen der Seminararbeit sich auf den Kalten Krieg konzentrieren. Die Spionage hat zu dieser Zeit mehr Präsenz eingenommen als heutzutage. Zudem ist der Stand der Literatur deutlich besser als heutige Fälle. Dabei stellt diese Arbeit die Frage, ob sich sowjetische Spionage in gängige Theorien der Geheimnisse und Staatsgeheimnisse einordnen lässt. Dazu ist diese Seminararbeit wie folgt aufgebaut.

Im ersten Teil werden die gängigen Theorien vorgestellt und eine Literaturübersicht erstellt. Im weiteren Verlauf soll dann kurz ein Abriss sowjetischer Spionage im Zusammenhang mit dem Kalten Krieg erklären. Dabei werden im nächsten Schritt verschiedene Fälle aufgezeichnet, dargestellt um den Praxisbezug herzustellen. Die sowjetische Spionage Taktik soll in diesem Teil detaillierter beleuchtet werden. Unterstützt wird dies an Beispielen von Maulwürfen oder Doppelagenten.

Im letzten Teil der Arbeit wird dann kurz der Vergleich gezogen zwischen Spionagetaktik und Motiven der Sowjetischen und der Amerikanischen Seite. Besonders hervorzuheben ist in diesem Teil die Wahrnehmung der Spionage als Bedrohung. Auf der anderen Seite aber auch die Bedeutung eines Staatsgeheimnis vor dem Hintergrund der zwei verschiedenen politischen Systeme.

2. (Staats-)Geheimnisse

Im ersten Schritt dieser Seminararbeit wird hier die Literatur reflektiert die sich mit dem Begriff des Geheimnisses auseinander setzt. Dabei wird ein soziologischer und sozialwissenschaftlicher Standpunkt angenommen. Um die sowjetische Spionage im späteren Verlauf besser durchleuchten zu können, wird an dieser Stelle zunächst der Versuch einer Zusammenfassung der gängigen Definitionen von Geheimnis gewagt. Was ist also ein Geheimnis? Simmel sieht Geheimhaltung, in einer der ersten soziologischen Ausführungen zum Thema Geheimnis, als eine "Form des Handelns, ohne die angesichts unsres sozialen Umgebenseins gewisse Zwecke überhaupt nicht erreichbar sind" (Simmel 1908, 273). Geheimnisse sind also nötig um bestimmte Ziele zu erreichen. Geheimnisse sind des Weiteren "eine Form des kommunikativen Handelns" (Schirrmeister 2004, 33). Dies ist einzuordnen in die Aussage, dass es immer Kommunikation gibt, auch wenn vermeintlich geschwiegen wird. Zurückzuführen ist das auf Simmels Aussage unter anderem, weil ja Geheimnisse einen Zweck erfüllen. Und dies ist ebenfalls eine Art Kommunikation. Sievers hingegen sieht als zentrales Kriterium einer soziologischen Betrachtung von Geheimnissen das Nichtwissenlassen (vgl. Sievers 1974, 18). Ergänzend lässt sich anmerken, dass "Geheimnisse nicht (quantitativ) auf der Zahl jeweils Nichtwissender beruhen, sondern (qualitativ) auf der erfolgreichen Verhinderung spezifischen Nachrichtenempfangs" (Westerbarkey 1991, 23). Westerbarkey bringt hier eine ganz zentrale Eigenschaft eines Nachrichtendienstes zum Ausdruck. Darauf wird später nochmals eingegangen. Sievers hält fest, dass das "Geheimnis [...] einen wesentlichen Bestandteil aller sozialen Beziehungen dar[stellt], als es Voraussetzung der Wechselwirkung zwischen Wissenden und Nichtwissenden ist" (Sievers 1974, 11; vgl. Jütte 2011).

Es wird des Weiteren noch zwischen einfachen, offenen und reflexiven Geheimnissen differenziert. Bei einem einfachen Geheimnis, weiß derjenige dem etwas verschwiegen wird, dass jenes Geheimnis existiert. Reflexive Geheimhaltung hingegen, zieht eine aktivere Geheimhaltung mit sich, wenn die gegenüberliegende Seite mit dem Geheimnis nicht einverstanden sein sollte.

Zudem wird noch zwischen formaler und nicht formaler Geheimhaltung unterschieden. Sievers geht so vor:

> "Unter formaler Geheimhaltung soll hier eine solche Geheimhaltung verstanden werden, deren Einhaltung innerhalb einer sozialen Organisation insofern generalisiert erwartet werden kann, als sie durch die Mitgliedschaftsregeln des sozialen Systems gedeckt ist und Konsens darüber besteht, daß im Falle des Geheimnisverrats, d. h. der Nichtanerkennung oder Nichterfüllung von Geheimhaltungserwartungen, die weitere Mitgliedschaft im System riskiert bzw. gekündigt wird" (Sievers 1974, 60f).

Was hier sehr formell ausgedrückt wird, lässt sich sehr gut am Beispiel Edward Snowdens festmachen. Die Mitgliedschaftsregel der USA in diesem Falle war, die Dokumente über die NSA nicht zu veröffentlich. Dies hat Snowden umgangen und musste politisches Asyl ausgerechnet in Russland suchen, da seine „Mitgliedschaft im System gekündigt" werden könnte und in seinem Fall zur Inhaftierung in den USA führen kann.

Ist es jedoch notwendig, dass Staaten Geheimnisse haben? Ein jeder überzeugter Demokrat in der heutigen Zeit würde gegenteiliges behaupten. Westbarkey sieht Geheimhaltung als Zeichen für „bedrohte oder expansive Herrschaftsansprüche" (1991, 231) und daher als etwas Schlechtes, welches unweigerlich die Transparenz durch den Staat als fundamentales Menschenrecht werten kann. Es gibt jedoch in der soziologischen und politischen Theorie immer wieder Stimmen, die zwar der Notwendigkeit für Transparenz moralisch zustimmen, jedoch in der Realität diese für nicht tragbar halten. Wie etwa Max Weber, der feststellt, dass "Jede auf Kontinuierlichkeit eingerichtete Herrschaft an irgendeinem entscheidenden Punkt Geheimherrschaft [ist]" (Weber 2006, 987). Sarcinelli (2009) geht sogar so weit, dass

Transparenz dysfunktional sei und zu politischer Machtlosigkeit führen könne (72).

3. Der Sowjetische Geheimdienst

An dieser Stelle soll kurz der Sowjetische Geheimdienst und seine Spionagetaktik eingeführt und erläutert werden. Dabei soll im weiteren Verlauf der Seminararbeit auf bekannte und erfolgreiche Agenten in den USA eingegangen werden.

Der KGB (Komitee für Staatssicherheit) ist wohl einer der bekanntesten Geheimdienste der Welt. Er wurde 1954 gegründet und löste sich 1991 nach Zusammenbruch der Sowjetunion auf bzw. ging in die neuen russischen Geheimdienste über. Der KGB operiert als militärischer Dienst und als unilaterale Organisation. Das heißt, anders als in anderen Ländern der Welt, sind hier alle Geheimdienstsektionen unter einem Dach. Der KGB war verantwortlich für die Abteilungen Innerer Nachrichtendienst, Auslandsnachrichtendienst sowie Geheimpolizei. Dabei verlässt sich der KGB vielmals auf Informationen von Agenten.

Innerhalb dieser Abteilungen waren die hauptsächlichen Aufgaben Auslandsspionage, Gegenspionage, Überwachung von Regimegegnern im Inland sowie Schutz von Mitgliedern der Partei. Ebenfalls waren die Aufgabenfelder unterteilt in verschiedene Arten wie etwa politische, wirtschaftliche oder militärische Spionage und Missinformation (Andrew/Mitrokhin 1999, 31). Hier ist wie schon bereits angesprochen Westerbarkeys These über Geheimhaltung des Nichtwissens ganz klar im Vordergrund. Denn auch der KGB hat durch gezielte Gegenspionage das Abschirmen von Informationen versucht.

Spione wurden in zwei Klassifizierungen eingeteilt: Agenten, welche die Informationen lieferten und Kontrolleinheiten, die die Informationen weiter geben.

4. Warum Agent werden?

Bevor im Folgenden die Fallstudie zum KGB eingeleitet wird, soll an dieser Stelle noch kurz die Motivation für die Mitarbeit bei einem Geheimdienst und speziell für die Arbeit als Spion angerissen werden.

Auch wenn sich die heutige Rekrutierung nun auf andere Prinzipien stützt, war während des Kalten Krieges das Akronym MICE ausschlaggebend um Spione des anderen Landes zu motivieren (Burkett 2013). Die erste extrinsische Motivationsquelle ist unumgänglich Geld (Money). Dabei unterstützt dieses Mittel alles rund um den zu erhaltenen Lebensstil. Der hier später vorgestellte Agent Ames verkaufte seine Geheimnisse an die Russen für ca. 50.000 USD (Early 1998). Die nächste Komponente des Akronyms ist die Ideologie. Dies ist eine eher intrinsische Form der Motivation, bei der auch das Vertrauen zwischen Aufraggeber und Spion oftmals größer zu sein scheint, da die gemeinsame Sichtweise auf die Welt verbindet. Eine wiederum extrinsische Motivationsquelle ist der dritte Teil: Zwang (Coercion). Dabei kann es entweder sein, dass sich der Agent dazu verpflichtet fühlt zu kooperieren oder weil die Nachrichtenbehörde Informationen zur Erpressung nutzt. Der letzte – aber in seiner Wirkung umstrittenste – Buchstabe ist das Ego des Spions. Dies mag zwar zusammen mit der Mystifizierung der Tätigkeit anfangs motivieren, doch mit dieser Motivation lassen sich keine langfristigen Agenten rekrutieren.

5. Fallstudie: Robert Hanssen und Aldrich Ames

In diesem Abschnitt werden zwei bekannte Agenten beleuchtet, die durch ihre Rollen als Doppelagenten internationales Interesse fanden: Robert Hanssen und Aldrich Ames. Es gibt natürlich noch weitere Fälle, den Rahmen dieser Arbeit würde dies jedoch sprengen.

> „I could have been a devastating spy, I think, but I didn't want to be a devastating spy. I wanted to get a little money and to get out of it".
> – Robert Hanssen (2002, 7)

Robert Hanssen war ein FBI Agent, der zwischen 1979 und 2001 für die Sowjetunion und später Russland als Spion tätig war. Berichten zufolge war seine Hauptmotivation der vierte MICE Buchstabe nämlich sein Ego. Seine Motivation nach Protokollen war jedoch eher der finanzielle Anreiz (US Department of Justice 2002). Während seiner Tätigkeit beim FBI hatte Hanssen vermehrt Zugang zu verschiedensten Missionen. Erst nach seiner Versetzung nach New York kontaktierte er den KGB 1985, indem er einen Brief verfasste mit den Namen von drei russischen Doppelagenten (ebd., 8). In den folgenden Jahren war er unter anderem dafür verantwortlich, dass eine Liste mit verschiedenen Doppelagenten den KGB erreichte (Wise 2003, 32f). Eine andere beachtliche Tat war die Weiterleitung der Pläne des FBI einen Tunnel zur Abhörung unter der neuen sowjetischen Botschaft zu graben.

Der Fall Hanssen und die schwerwiegenden Taten, die er begangen hat lassen hier allerdings hinterfragen, ob er dies wirklich nur aus Geldanreiz gemacht hatte. Es ist eher zu vermuten, dass auch ein intrinsisches Motiv dahinter steckt, wie etwa seine Haltung zum US System oder gegenüber der Sowjetunion. Hanssen ist ein Beispiel dafür, wie Individuen sich innerhalb einer vermeintlichen Transparenzgesellschaft verhalten können. Der Fakt hier des Vaterlandsverrats ist unter anderem den Umständen des Kalten Krieges zu verdanken. Jedoch sei an dieser Stelle gesagt, dass Hanssen auch nach dem Zusammenbruch der Sowjetunion noch kurze Zeit weiter für Russland spioniert hatte. Hanssen wurde erst im Februar 2001 verhaftet. Er sagte nur „was habt ihr so lange gebraucht?" (Wise 2003). Seine Taten wurde kurz darauf verfilmt unter dem Titel „Master Spy: The Robert Hanssen Story". Der Titel suggeriert eine andere öffentliche Wahrnehmung als der nächste berühmte Fall Aldrich Ames, zu dem 199 ebenfalls ein Film mit dem Titel „Aldrich Ames: Traitor Within" entstand.

Aldrich Ames war im Gegensatz zu Hanssen ein CIA Agent und für Gegenspionage zuständig. Bevor auf die Taten von Ames eingegangen wird, soll an dieser Stelle kurz der Vergleich zwischen den beiden Filmen eingeleitet. Die beiden Filme unterscheiden sich nicht nur in der suggerierten Bewertung durch verschiedene Titel (Hanssen=Spion, Ames=Verräter). Wirklich interessant ist der Unterschied von Ames Filminhaltsbeschreibung. Darin wird der Ames Fall als der schlimmste Spionageskandal der USA bezeichnet, obwohl Hanssen deutlich mehr Doppelagenten an die Sowjets verraten hat. Es wird hier vermehrt von Verrat am Vaterland gesprochen und seiner Motivation, die Taten nur aus Geldgier und Verzweiflung begangen zu haben. Zudem wird er als Alkoholiker und Mittelklasse Agent der CIA beschrieben. Während es die Protokolle nach seiner Festnahme gab, deutet dieser Film mit größerer Resonanz darauf hin, wie Geheimnisverrat in den USA den Täter dastehen lässt.

Im Gegenteil zu seinem Ruf in der Popkultur, war Ames nach mäßiger Leistung im Ausland zurück in New York und steigerte seine Arbeitsleistung dort deutlich. Auch Ames hatte wie Hanssen schon früh mit der Sowjetdivision zu tun. Ab 1985 hatte Ames verschiedene Kontaktmöglichkeiten mit der sowjetischen Botschaft. Durch diese hatte er begonnen verschiedene Insider Informationen weiterzugeben und erarbeitete sich so den Ruf als wertvolle CIA Quelle (Senate Select Committe 1994). Er musste auf verschiedene Art wiederum seinen neu gewonnenen Reichtum vertuschen, scheiterte aber da, die CIA auf seine neuen Anschaffungen trotz seines niedrigen Gehalts aufmerksam wurden. 1994 dann wurde Ames festgenommen. Er bekam lebenslänglich, da auf seine Informationsweitergabe hin auch US Quellen von den Sowjets hingerichtet wurden. Seine Motivation sei weiterhin Geld gewesen, aber letztlich auch die Angst, von den Sowjets verhaftet zu werden (Senate Select Committe 1994).

6. Geheimnisse in demokratischen und autoritären Regimen

Zurückgehend auf die Theorie von Simmel, lässt sich der Zweck der Spionage durch die Sowjetunion an den Amerikanern - und natürlich auch umgekehrt - ein einfacher Wissensvorsprung sehen, aber auch ein Druckmittel gegenüber dem Ausspionierten. Im Kontext des Kalten Krieges ist Geheimnis ganz klar auch ein Machtvorteil auf der einen Seite, aber eine manipulierte Unsicherheit für den Gegner. Die ständige Sorge, dass die eigenen Pläne und Geheimnisse dem Gegenüber bewusst werden, sorgt in sich schon für einen Druckaufbau.

Einen Einblick in sowjetische Spionage durch die kurze Beleuchtung dieser beiden Fälle ist bei weitem nicht ausreichend, um das gesamte Ausmaß der gegenseitigen Spionageaktivitäten der beiden Staaten zu analysieren. Um hier wiederholt Sievers aufzugreifen, kann aber eine Betrachtung der Spionage beider Staaten in der weiteren Literatur immer vor dem Hintergrund gesehen werden, dass Spionage eine Art Kommunikation zwischen dem Wissenden und Nichtwissenden sein wird. Jedoch fehlen wichtige Quellen in diesem Feld, weil es sich nun mal um Spionage und nicht um öffentlich geführte Debatten handelt. Es gibt eine Reihe von bekannten Doppelagenten wie etwas Ames und Hanssen – nicht nur in den USA sondern auch in Westeuropa. Ein Zugang zu diesen Fällen ist nur durch den Umstand möglich, dass es sich bei den betroffenen Staaten um demokratische Systeme handelt, in denen eine öffentlich zugängliche Datenlage gewährleistet sein muss. Auch hier lässt sich Sievers auf mehreren Ebenen anwenden. Zum einen ist hier das offene Geheimnis präsent in der Bevölkerung. Die wusste um die ständige vermeintliche Bedrohung durch Spionage. Zum anderen ist das offene Geheimnis auch innerhalb der amerikanischen Geheimdienste ein Thema, denn so genannte Maulwürfe waren ebenfalls als solches bekannt und waren ein ständiger Druckfaktor für die anderen Mitarbeiter der Agenturen.

Der Unterschied zu einem autoritären System zudem ist, dass in einem demokratischen System die Geheimdienste oft einem Ministerium unterstehen und im Idealfall die Auswertung der gewonnen Informationen nicht beim dem selbigen Geheimdienst liegt (Chesterman 2006, 1024). Hier kann noch deutlich unterschieden werden zwischen Geheimhaltungen in Demokratien und nicht-demokratischen Systemen. In Demokratien herrscht ein Zwang die Geheimhaltung zu rechtfertigen.

Während in autokratischen System eigentlich ein Luxus vorliegt, der Bevölkerung seitens des Souveräns nichts mitteilen zu müssen, habe Demokratien das prozessuale Problem. Hier kann Geheimhaltung schnell in Vertuschung abrutschen und zu Machtmissbrauch führen (vgl. Sagar 2011, 201ff). Hier ist ganz und gar das Parlament als Vertreter des Volkes, welchem hier Tatsachen verschwiegen werden, das einzige Organ, welches die Monopolstellung der Exekutive auflösen kann. Dies fehlt in autokratischen Systemen allerdings.

7. Fazit

Diese Seminararbeit griff zunächst in der Forschungsliteratur gängige Theorien und Thesen zu Geheimnissen und Geheimhaltung durch den Staat auf. Dabei wurde der Übergang zur Fallstudie der sowjetischen Spionage in den USA während des Kalten Krieges gemacht. Zu diesem Zweck wurde erst der KGB als solches kurz angerissen und dann die Motivation von Agenten, die Kern der Fallstudie sind, näher diskutiert. Die Motivation von Agenten zum Zeitpunkt des Kalten Krieges stützt sich auf das MICE Akronym, welches heute aber schon wieder von einem detaillierten Blickwinkel und Akronym abgelöst wurde.

Die Fallstudie selbst fokussierte sich auf die Methode der Doppelagenten in den USA, Aldrich Ames und Robert Hanssen. Sehr interessant sind hier sicherlich die Motivation, welche Informationen die beiden den Sowjets geliefert haben und der Umstand, dass hier ein Fall des FBI und ein Fall der CIA vorliegt. Letztere hat ebenfalls die Methode der Gegenspionage durch Doppelagenten genutzt.

Im letzten Schritt wurde noch kurz der Vergleich bestritten zwischen demokratischen und autoritären Regimen. Auch wenn die Geheimhaltung als solches und die Spionage andere rechtliche Auswirkung gegenüber dem eigenen Rechtsstaat und der Bevölkerung mit sich zieht, lässt sich deutlich sagen, dass in der Motivation zu spionieren und etwas geheim zu halten sich nichts unterscheidet.

Eine andere interessante Perspektive könnte also ebenfalls die Bevölkerung oder der moralische Aspekt von Geheimhaltung in diesem Falle sein.

Literaturverzeichnis

Andrew, C./ Mitrokhin V. (1999) The Sword and the Shield: The Mitrokhin Archive and the Secret History of the KGB.

Burkett, R. (2013): An Alternative Framework for Agent Recruitment: From MICE to RASCLS. Studies in Intelligence Vol. 57, No. 1.

Chesterman, S. (2006): The Spy Who Came in from the Cold War: Intelligence and International Law. Michigan Journal of International Law [Vol. 27].

Earley, P. (1998): Confessions of a Spy. The Real Story of Aldrich Ames. New York. Putnam.

Jütte, D. (2011): Das Zeitalter des Geheimnisses: Juden, Christen und die Ökonomie des Geheimen (1400–1800). Göttingen. Vandenhoeck & Ruprecht.

Luhmann, N./ Fuchs P. (1989): Reden und Schweigen. Frankfurt am Main. Suhrkamp.

Sagar, R. (2011): Das mißbrauchte Staatsgeheimnis. Wikileaks und die Demokratie. In: Geiselberger, H. (Hg.) (2011): WikiLeaks und die Folgen. Netz- Medien-Politik. Frankfurt am Main. Suhrkamp.

Sarcinelli, U. (2009): Politische Kommunikation in Deutschland. Zur Politikvermittlung im demokratischen System. Berlin Heidelberg New York. Springer-Verlag.

Schirrmeister, C. (2004):Geheimnisse. Über die Ambivalenz von Wissen und Nicht-Wissen. Wiesbaden. Deutscher Universitätsverlag

Sievers, B. (1974): Geheimnis und Geheimhaltung in sozialen Systemen. Wiesbaden. VS Verlag für Sozialwissenschaften.

Simmel, G. (1908): Soziologie. Untersuchungen über die Formen der Vergesellschaftung. Berlin. Duncker & Humblot.

Weber, M. (2006): Wirtschaft und Gesellschaft. Paderborn. Verlag Krone.

Weiner, T./ Johnston, D./ Lewis, N. (1995): Betrayal. The Story of Aldrich Ames. An American Spy. New York. Random House.

Westerbarkey, J. (1991): Das Geheimnis. Zur funktionalen Ambivalenz von Kommunikationsstrukturen. Wiesbaden. VS Verlag für Sozialwissenschaften.

Winkler, I. (2005): Spies Among Us. How to Stop the Spies, Terrorists, Hackers, and Criminals. New York. John Wiley & Sons.

Wise, David (2003), Spy: The Inside Story of How the FBI's Robert Hanssen Betrayed America, Random House Publishers

U.S. Department of Justice (2002): A Review of FBI Security Programs Commission for Review of FBI Security Programs.